BEI GRIN MACHT SICH IHR WISSEN BEZAHLT

AF130079

- Wir veröffentlichen Ihre Hausarbeit, Bachelor- und Masterarbeit

- Ihr eigenes eBook und Buch - weltweit in allen wichtigen Shops

- Verdienen Sie an jedem Verkauf

Jetzt bei www.GRIN.com hochladen und kostenlos publizieren

Bibliografische Information der Deutschen Nationalbibliothek:

Die Deutsche Bibliothek verzeichnet diese Publikation in der Deutschen National-bibliografie; detaillierte bibliografische Daten sind im Internet über http://dnb.d-nb.de/ abrufbar.

Impressum:

Copyright © 2018 GRIN Verlag
Druck und Bindung: Books on Demand GmbH, Norderstedt Germany
ISBN: 9783668802216

Dieses Buch bei GRIN:

https://www.grin.com/document/441299

Mehmet Kaplan

Trainingslehre für das Beweglichkeits- und Koordinationstraining

GRIN Verlag

GRIN - Your knowledge has value

Der GRIN Verlag publiziert seit 1998 wissenschaftliche Arbeiten von Studenten, Hochschullehrern und anderen Akademikern als eBook und gedrucktes Buch. Die Verlagswebsite www.grin.com ist die ideale Plattform zur Veröffentlichung von Hausarbeiten, Abschlussarbeiten, wissenschaftlichen Aufsätzen, Dissertationen und Fachbüchern.

Besuchen Sie uns im Internet:

http://www.grin.com/

http://www.facebook.com/grincom

http://www.twitter.com/grin_com

Deutsche Hochschule für
Prävention und Gesundheitsmanagement
Hermann Neuberger Sportschule 3
66123 Saarbrücken

Einsendeaufgabe

Fachmodul:	Trainingslehre 3
Studiengang:	Fitnessökonomie
Datum Präsenzphase:	22.05.2018 bis 24.05.2018
Name, Vorname:	Kaplan, Mehmet
Studienort:	**Stuttgart**
Semester:	**Sommersemester 2016**

Inhaltsverzeichnis

1 Personendaten

Tabelle 1: Personendaten

Parameter	Daten des Probanden	Bewertung
Alter	25 Jahre	Erwachsen
Geschlecht	Männlich	
Körpergröße	188 cm	
Körpergewicht	93 kg	BMI (kg/m2) = 26,3 Einstufung = Übergewicht Tabelle 2: Klassifizierung des Body-Mass-Index (BMI) (World Health Organization, 2000)

Klasse	BMI (kg/m2)
Untergewicht	< 18,5
Normalgewicht	18,5-24,9
Übergewicht	25,0-29,9
Adipositas Grad I	30,0-34,9
Adipositas Grad II	35,0-39,9
Adipositas Grad III	> 40

Aufgrund des normalen Körperfettanteils ist der Proband nicht als Übergewichtig einzustufen

Körperfettanteil	15 %	Einstufung: Normal

Alter (Jahre)	Frauen				Männer			
	niedrig	normal	hoch	sehr hoch	niedrig	normal	hoch	sehr hoch
20–39	< 21 %	21–33 %	33–39 %	≥ 39 %	< 8 %	8–20 %	20–25 %	≥ 25 %
40–59	< 23 %	23–34 %	34–40 %	≥ 40 %	< 11 %	11–22 %	22–28 %	≥ 28 %
60–79	< 24 %	24–36 %	36–42 %	≥ 42 %	< 13 %	13–25 %	25–30 %	≥ 30 %

Abbildung 1: Klassifikation des Körperfettanteils (KFA) für erwachsene Frauen und Männer bis 79 Jahre (Gallagher et al., 2000)

Trainingsmotive	- Verbesserung der Beweglichkeit im Unterkörper (Hüft-, Knie- und Sprungge-lenk) für eine erhöh-te Sprungkraft - Sportartbegleitendes	- Beweglichkeitsdefizite im Unterkörper erschweren die Trainierbarkeit der Sprungkraft - Verbesserung der Koordination zur Vervollkommnung des Be-wegungsrepertoires

	Koordinationstraining zur Vervollkommnung des Bewegungsrepertoires	
Berufliche Tätigkeit	Student	
Aktuelle sportliche Tätigkeit	Seit 2013, Basketball im Verein	Leistungsstufe: Fortgeschritten Trainingsumfang: 2-3-mal/Woche, 90-120 min/Trainingseinheit
	Seit 2010, Krafttraining im Fitnessstudio	Leistungsstufe: Fortgeschritten Trainingsumfang: 4-5-mal/Woche, ca. 90 min/Trainingseinheit
Frühere sportliche Aktivitäten	Keine	
Zeitlicher Verfügungsrahmen	2-mal/Woche, 60 min/Trainingseinheit	
Orthopädische Probleme	Keine	
Internistische Probleme	Allergisches Asthma	Keine Beeinträchtigung
Ärztliche Behandlungen	Keine	
Einnahme von Medikamenten	Keine	
Sonstige gesundheitliche Einschränkungen	Neurodermitis	Keine Beeinträchtigung

2 Beweglichkeitstestung

Tabelle 3: Beweglichkeitstestung nach Janda (2000)

Getesteter Muskel	Testbeschreibung	Normwerte	Testergebnisse
Brustmuskulatur (M. pectoralis major)	Proband liegt mit angewinkelten Beinen (Füße liegen auf) in Rückenlage auf einer Behandlungsliege. Der Thorax wird durch leichtem Zug mit dem Unterarm von dem	Testauswertung (nach Janda, 2000, S. 271): Stufe 0: Keine Beweglichkeitsdefizite; Oberarm erreicht die Horizontale; durch leichten Druck des Testers kann Oberarm unter	Linker Arm: Stufe 0 Rechter Arm: Stufe 0

4

	Tester fixiert. Im Schultergelenk ist der zu testende Arm abduziert und außenrotiert. Ellenbogengelenk ist um 90 Grad gebeugt. Als Messbereich dient die Position des Oberarms zur horizontalen. Das Anheben des Beckens bzw. eine Hyperlordose in LWS verfälschen das Ergebnis.	die Horizontale bewegt werden. Stufe 1: Leichte Beweglichkeitsdefizite; Oberarm erreicht die Horizontale nicht; durch leichten Druck des Testers kann Oberarm bis zur Horizontale bewegt werden. Stufe 2: Deutliche Beweglichkeitsdefizite; Oberarm erreicht Horizontale auch durch Druck des Testers nicht.	
Hüftbeugemuskulatur (speziell M. iliopsoas)	Proband liegt in der Rückenlage auf der Behandlungsliege. Das Gesäß liegt am Liegenrand. Ein Bein ist im Überhang, während das andere Bein angewinkelt wird und von der Testperson maximal an den Körper herangezogen wird. Die maximale Extension des Hüftgelenks kann nun durch den Überhang getestet werden.	Testauswertung (nach Janda, 2000, S. 259): Stufe 0: Keine Beweglichkeitsdefizite; Oberschenkel erreicht Horizontale; durch leichten Druck des Testers kann Oberschenkel unter Horizontale bewegt werden. Stufe 1: Leichte Beweglichkeitsdefizite; leichte Hüftbeugestellung; durch leichten Druck des Testers kann Oberschenkel bis zur Horizontale bewegt werden. Stufe 2: Deutliche Beweglichkeitsdefizite; Oberschenkel erreicht Horizontale auch durch Druck des Testers nicht.	Linkes Bein: Stufe 1 Rechtes Bein: Stufe 1

| Kniestreckmuskulatur (speziell M. rectus femoris) | Proband liegt in der Rückenlage auf der Behandlungsliege. Das Gesäß liegt am Liegenrand. Beine sind nun im Überhang. Der Tester fixiert ein Bein im maximalen Hüftextensionswinkel und im maximalen Kniebeugewinkel, während das andere Bein von der Testperson angewinkelt und im maximalen Hüftextensionswinkel herangezogen wird. Gemessen wird der Kniebeugewinkel. Das Anheben des Beckens bzw. eine Hyperlordose in LWS verfälschen das Ergebnis. | Testauswertung (nach Janda, 2000, S. 259): Stufe 0: Keine Beweglichkeitsdefizite; Unterschenkel hängt senkrecht herab; durch leichten Druck des Testers ist es möglich, die Kniebeugung zu vergrößern. Stufe 1: Leichte Beweglichkeitsdefizite; Unterschenkel ist leicht nach vorne gestreckt; durch leichten Druck des Testers ist es möglich, einen 90° Kniebeugewinkel zu erreichen. Stufe 2: Deutliche Beweglichkeitsdefizite; Unterschenkel ist deutlich nach vorne gestreckt; auch durch Druck des Testers wird 90° Kniebeugewinkel nicht erreicht. | Linkes Bein: Stufe 1 Rechtes Bein: Stufe 0 |
| Kniebeugemuskulatur (Mm. ischiocrurales) | Proband liegt mit einem angewinkelten Bein in der Rückenlage auf der Behandlungsliege. Mit einer freien Patella und gestrecktem Kniegelenk wird das zu testende Bein vom Tester in die maximale Hüftflexion geführt. Gemessen wird Hüftbeugewinkel zwischen Beinachse und Longitudinalachse. Das | Testauswertung (nach Janda, 2000, S. 262): Stufe 0: Keine Beweglichkeitsdefizite; die Flexion im Hüftgelenk ist im Ausmaß von 90° möglich. Stufe 1: Leichte Beweglichkeitsdefizite; die Flexion im Hüftgelenk ist bis zwischen 80-90° möglich. Stufe 2: Deutliche Beweglichkeitsdefizite; | Linkes Bein: Stufe 1 Rechtes Bein: stufe 0 |

	zu testende Bein muss gestreckt bleiben. Das Anheben des Beckens bzw. eine Hyperlordose in LWS verfälschen das Ergebnis.	die Flexion im Hüftgelenk ist nur unter 80° möglich.	
Wadenmuskulatur (Mm. triceps surae)	Proband liegt in der Rückenlage auf einer Behandlungsliege, das zu testende Bein ist gestreckt, während das andere Bein angewinkelt ist (Fuß auf der Behandlungsliege). Die distale Hälfte des Unterschenkels ragt über das Ende der Liege hinaus. Der Tester greift das Fersenbein distal und mit der anderen Hand den Fuß von der Fußaußenkante her. Vorfuß wird mit leichtem achsengerechtem Druck, mit Hilfe des Daumens, Richtung Schienbein gelenkt (max. Dorsalextension) und an der Ferse übt der Tester einen Zug distalwärts. Mit einer maximalen Dorsalextension wird das Kniegelenk gebeugt um eine isolierte Überprüfung des M. soleus zu ermöglichen (Tester versucht Bewegungsradius zu vergrößern). Wenn Druck auf die Fußmitte ausgeübt wird, kann	Testauswertung (nach Janda, 2000, S. 255): Stufe 0: Keine Beweglichkeitsdefizite; eine Dorsalextension ist mindestens bis zur 0°-Stellung möglich (90° zwischen Fuß und Unterschenkel). Stufe 1: Leichte Beweglichkeitsdefizite; die 0°-Stellung wird nicht erreicht; eine Dorsalextension ist aber möglich. Stufe 2: Deutliche Beweglichkeitsdefizite; eine Dorsalextension ist nur bis 10° unterhalb der 0°-Stellung möglich.	Linkes Bein: Stufe 0 Rechtes Bein: Stufe 0

	aufgrund der reflektori-schen Anspannung des Mm. Triceps surae das Testergebnis falsch ausfallen.		

Fazit: Der Proband hat deutliche Beweglichkeitsdefizite in der Hüftbeugemuskulatur, Kniestreckmuskulatur und Kniebeugemuskulatur. Auffällig ist die mangelnde Beweglichkeit im linken Bein.

3 Trainingsplanung Beweglichkeitstraining

Tabelle 4: Beweglichkeitstraining

Zielmuskulatur	Beschreibung	Dehnform/Arbeitsweise	Belastungsgefüge
M. trapezius pars descendens (Trapezmuskel, oberer Anteil)	Im Stand, Blickrichtung bleibt nach vorne gerichtet, wird der Kopf zur Seite geneigt. Die zur Kopfneigung gegenüberliegende Schulter wird aktiv nach unten gezogen.	aktiv/statisch	Beide Seiten, 2x/Woche, 3 Sätze à 30 Sek., Dehngrenze
M. trapezius (Trapezmuskel oder Kapuzenmuskel), Mm. rhomboidei (Rautenmuskel)	Im Stand, Hände vor dem Körper verschränkt und die Arme in Schulterhöhe nach vorne vor den Körper gestreckt. Schultern bleiben tief. Für eine dynamische Durchführung: Schulterblätter werden ein Stück zurück Richtung Wirbelsäule geführt, Kopf wird leicht angehoben (Dehnposition wird	aktiv/dynamisch	2x/Woche, 3 Sätze à 30 Sek., Dehngrenze

	etwas gelöst). Nun Schulterblätter aktiv weg von der Wirbelsäule nach vorne ziehen und den Kopf nach vorne neigen (Dehnposition verstärken).		
M. pectoralis major (großer Brustmuskel), M. deltoideus pars clavicularis (Deltamuskel, vorderer Anteil)	Im Stand, Im Schultergelenk ist ein Arm abduziert und außenrotiert. Ellenbogengelenk ist um 90 Grad gebeugt. Nun wird mit Hilfe einer Stange die Dehnposition eingenommen, indem die Handfläche und der Ellenbogen an der Stange fixiert werden und mit Druck der Körper nach vorne geführt wird.	passiv/statisch	Beide Seiten 2x/Woche, 3 Sätze à 30 Sek., Dehngrenze
M. latissimus dorsi (breiter Rückenmuskel), M. obliquus externus abdominis (äßerer schräger Bauchmuskel), M. obliquus internus abdominis (innerer schräger Bauchmuskel)	Leichter Seitgrätschstand. Die gestreckten Arme werden verschränkt nach oben über dem Kopf und maximal vom Körper gespreizt, Brustkorb bleibt aufgerichtet. Bei gerader Beckenachse wird der Oberkörper leicht zur Seite geneigt. Durch aktiven Zug nach oben an dem zur Beugerichtung gegenüberliegenden Arm wird die Dehnung verstärkt. Die Dehnung wird abge-	aktiv/dynamisch	Beide Seiten 2x/Woche, 3 Sätze à 30 Sek., Dehngrenze

	schwächt indem der Oberkörper wieder Richtung Mittellinie zurückgeführt wird und der Zug am Arm etwas verringert wird.		
M. gastrocnemius (Zwillingswadenmuskel), M. soleus (Schollenmuskel)	Ausgangsposition: Stand. Ein Bein wird gestreckt nach hinten gestellt. Fußsohle bleibt auf dem Boden. Das andere Bein ist im Kniegelenk gebeugt und der Oberkörper wird ebenfalls leicht nach vorne gebeugt. Oberschenkel des hinteren Beins und der Oberkörper bilden eine Linie. Die Zehen beider Füße zeigen parallel nach vorne. Nun Körperschwerpunkt durch eine Beugung im vorderen Bein nach vorne unten verlagern und dadurch die Dorsalextension im hinteren Bein vergrößern. Dehnposition im Wechsel leicht lösen und wieder einnehmen für eine dynamische Durchführung.	passiv/dynamisch	Beide Seiten 2x/Woche, 3 Sätze à 30 Sek., Dehngrenze
M. iliopsoas (Lendendarmbeinmuskel), M. rectus femoris (gerader Oberschenkelmuskel)	Ausgangsposition: Kniestand. Vor dem Körper wird ein Bein auf dem ganzen Fuß aufgestellt, das vordere Bein wird im	passiv/statisch	Beide Seiten 2x/Woche, 3 Sätze à 30 Sek., Dehngrenze

	Kniegelenk gebeugt und der Fuß steht vor dem Knie. Das andere bzw. hintere Bein liegt mit dem kompletten Unterschenkel und dem Knie auf dem Boden. Mit den Händen auf dem vorderen Bein wird der Oberkörper abgestützt. Nun das Becken absenken und den Körperschwerpunkt nach vorne unten verlagern. Oberkörper bleibt aufrecht.		
M. adductor brevis (kurzer Schenkelanzieher), M. adductor longus (langer Schenkelanzieher), M. adductor magnus (großer Schenkelanzieher), M. gracilis (schlanker Muskel), M. pectineus (Kammmuskel)	Ausgangsposition: Sitzposition. Der Oberkörper wird mit den Armen nach hinten abgestützt. Die Beine gestreckt vor dem Körper platziert. Beide Beine möglichst weit nach außen spreizen. Zusätzliche Verstärkung der Dehnung durch ein nach vorne Neigen des Oberkörpers. Rücken bleibt gerade.	passiv/statisch	2x/Woche, 3 Sätze à 30 Sek., Dehngrenze
M. quadriceps femoris (vierköpfiger Oberschenkelmuskel)	Ausgangsposition: Seitenlage. Der Kopf liegt auf dem Arm, der dem Boden zugewandt ist, welcher in Verlängerung des Oberkörpers gestreckt auf dem liegt. Das obere Bein wird	passiv/dynamisch	Beide Seiten 2x/Woche, 3 Sätze à 30 Sek., Dehngrenze

11

	im Kniegelenk gebeugt, vom oberen Arm bzw. Hand leicht über dem Sprunggelenk gegriffen und die Ferse maximal zum Gesäß gezogen. Die Oberschenkel bleiben parallel zueinander und parallel zum Boden. Nun die Hüfte abwechselnd leicht aufrichten und erneut kippen.		
M. glutaeus maximus (großer Gesäßmuskel), M. glutaeus medius (mittlerer Gesäßmuskel), M. glutaeus minimus (kleiner Gesäßmuskel)	Ausgangsposition: Rückenlage. Mit gebeugtem Kniegelenk wird ein Bein auf dem Boden aufgestellt. Das andere Bein wird in der Hüfte nach außen rotiert und mit dem Unterschenkel an der Oberschenkelvorderseite des Stützbeins platziert. Stützbein mit beiden Händen an der Oberschenkelrückseite greifen und zum Oberkörper ziehen. Unterschenkel des Stützbeins hängt locker nach unten.	passiv/statisch	Beide Seiten 2x/Woche, 3 Sätze à 30 Sek., Dehngrenze
M. biceps femoris, M. semitendinosus, M. semimembranosus (Ischiocrurale Muskulatur)	Ausgangsposition: Rückenlage. Ein Bein liegt gestreckt nach vorne auf dem Boden, die Zehen zeigen zur Decke. Mit Hilfe eines Partners wird das andere Bein	passiv/postisometrisch	Beide Seiten 2x/Woche, 3 Sätze à 4 Sek. Dehnphase und 2 Sek. Entspannungsphase

	in gestreckter Position, vorsichtig Richtung Brust bewegt. In kurzen Intervallen wird das Bein vom Partner gedehnt (Dehn- und Entspannungsphase). Kniegelenk bleibt gestreckt.		

Nach Schnabel et al. (1997, S. 230) nimmt ein Beweglichkeitstraining Einfluss auf die Kraftfähigkeit der bewegenden Muskeln. Da die Verbesserung der Sprungkraft für den Probanden von Wichtigkeit ist, werden gezielt die nötigen Gelenke (Hüft-, Knie- und Sprunggelenk) bzw. Muskeln mobilisiert um dadurch die Kraftfähigkeit der jeweiligen Muskeln so zu beeinflussen, dass die Sprungkraft dadurch verbessert werden kann.

4 Trainingsplanung Koordinationstraining

Tabelle 5: Koordinationstraining

Übung	Beschreibung	Belastungsgefüge
Einbeinstand mit Schwingen des Spielbeins und gegenläufigem Schwingen	Aus dem stabilen Einbeinstand heraus wird das Spielbein vorwärts und rückwärts geschwungen. Die Arme werden dabei mitgeschwungen (gegenläufig oder richtungssynchron).	Beide Seiten 2x/Woche, 3 Sätze à 30 Sek., 30 Sek. Pause
Einbeinstand mit Schwingen des Spielbeins und gegenläufigem Schwingen (mit geschlossenen Augen)	Aus dem stabilen Einbeinstand heraus wird das Spielbein vorwärts und rückwärts geschwungen. Die Arme werden dabei mitgeschwungen (gegenläufig oder richtungssynchron).	Beide Seiten 2x/Woche, 3 Sätze à wenn möglich 30 Sek., 30 Sek. Pause
Einbeinstand mit Ball halten und Seitenwechsel über Kopf	Der Ball wird ca. 5-10 Sek. in einer Hand gehalten, danach über Kopf zu der anderen Hand gewechselt und dort	Beide Seiten 2x/Woche, 3 Sätze à 30 Sek., 30 Sek. Pause

13

	wieder 5-10 Sek. Gehalten-	
Einbeinstand mit Ball halten und Seitenwechsel über Kopf (mit geschlossenen Augen)	Der Ball wird ca. 5-10 Sek. in einer Hand gehalten, danach über Kopf zu der anderen Hand gewechselt und dort wieder 5-10 Sek. Gehalten-	Beide Seiten 2x/Woche, 3 Sätze à wenn möglich 30 Sek., 30 Sek. Pause
Einbeinstand mit Ball prellen	Der Ball wird seitlich ca. 5-10 Sek. Geprellt, danach erfolgt ein Seitenwechsel.	Beide Seiten 2x/Woche, 3 Sätze à 30 Sek., 30 Sek. Pause
Einbeinstand mit Ball prellen (mit geschlossenen Augen)	Der Ball wird seitlich ca. 5-10 Sek. Geprellt, danach erfolgt ein Seitenwechsel.	Beide Seiten 2x/Woche, 3 Sätze à wenn möglich 30 Sek., 30 Sek. Pause
Einbeinstand mit Verlagerung des Spielbeins und des Oberkörpers in die Horizontale	Oberkörper und Spielbein werden horizontal verlagert. Zur Stabilität: Zum Spielbein gegenläufiger Arm in Verlängerung zur Oberkörpertransversalachse führen.	Beide Seiten 2x/Woche, 3 Sätze à 30 Sek., 30 Sek. Pause
Einbeinstand mit Verlagerung des Spielbeins und des Oberkörpers in die Horizontale (mit geschlossenen Augen)	Oberkörper und Spielbein werden horizontal verlagert. Zur Stabilität: Zum Spielbein gegenläufiger Arm in Verlängerung zur Oberkörpertransversalachse führen.	Beide Seiten 2x/Woche, 3 Sätze à wenn möglich 30 Sek., 30 Sek. Pause
Gleichgewichtsverlagerungen auf dem Fitball	In Rückenlage, das Körpergewicht in verschiedenen Positionen und Richtungen lagern. Ziel: Trotz instabiler Fläche und Gleichgewichtsverlagerung die Stabilität des Körpers aufrechterhalten.	2x/Woche, 3 Sätze à 30 Sek., 30 Sek. Pause
Rollen über den Fitball	Ausgangsposition: Oberkörpervorlage und Griff am Fitball. Nun wird das Becken nach vorne geschoben und der Oberkörper im Unterarmstütz stabilisiert. Anschließend erfolgt eine Rollbewegung mit dem Bauch über den Ball. Der Oberkörper wird nach dem überqueren des	2x/Woche, 3 Sätze à 30 Sek., 30 Sek. Pause

	Balls von den Armen abge- stützt. Zuletzt soweit nach vorne bewegen, bis nur noch die Füße auf dem Fitball auf- liegen.	

Die Vervollkommnung des Bewegungsrepertoires, was mit zu den Trainingsmotiven des Probanden gehört, soll durch das Koordinationstraining erreicht werden. Da der Proband aktiv Basketball spielt, werden dementsprechende Übungen wie z.B. Prell-übungen mit einem Ball bzw. allgemein Übungen mit Bällen zum Einsatz gebracht, um das Training relevanter bzw. interessanter zu gestalten. Eine Progression der Belastung ist und wird erzielt. Von einfachen zu komplexen Übungen und eine methodische Übungsreihe bzw. aufeinander aufbauende Übungen kommen zum Einsatz, um den motorischen Lernprozess zu begünstigen (Chwilkowski, 2006, S. 56-58).

5 Literaturrecherche

Tabelle 6: Literaturrecherche

	Studie 1	Studie 2
Autor	Franz Marschall und Bettina Ruckelshausen	Dr. A. Klee
Erscheinungsjahr	2004	2008
Versuchspersonen	59 Primärstudien	4 Metaanalysen und Über-sichtsarbeiten
Versuchsaufbau	Überprüfung von 59 Primär-studien anhand einer Litera-turanalyse	Überprüfung von 4 Metaana-lysen und Übersichtsarbeiten
Ergebnisse	Keine eindeutige Antwort. Kein Nachweis zwischen Beweglichkeit und dem Ver-letzungsrisiko. Eine extrem geringe bzw. hohe Beweg-lichkeit scheint das Auftreten von Verletzungen zu begüns-tigen. Das ist jedoch abhän-gig von den Anforderungen der jeweiligen sportartspezifi-schen Bewegungsabläufe.	Ein Kurzzeitdehnen kann die Anzahl aller Verletzungen durch alle Verletzungsursa-chen nicht reduzieren. Ein Kurzzeitdehnen kann die Anzahl akuter Muskelverlet-zungen verringern. Von ei-nem Langzeitdehnen ist eine Reduktion von akuten Mus-kelverletzungen zu erwarten, entsprechende Untersuchun-

Ein positiver Effekt des Dehnens auf Muskelkater ist nicht zu bestätigen.	gen fehlen.

6 Literaturverzeichnis

World Health Organization (2000). *BMI classification.*

Gallagher et al. (2000). *Klassifikation des Körperfettanteils (KFA) für erwachsene Frauen und Männer bis 79 Jahre.*

Schnabel G. (1997). *Trainingswissenschaft: Leistung. Training. Wettkampf.* Berlin: Sportverlag.

Janda V. (2000). *Manuelle Muskelfunktionsdiagnostik.* (4. Auflage). München: Urban & Fischer Verlag.

Chwilkowski C. (2006). *Medizinisches Koordinationstraining.* Köln: Deutscher Trainer Verlag

Marschall F. & Ruckelshausen B. (2004). Dient Dehnen der Verletzungsprophylaxe? Eine qualitative Metaanalyse. (1), 1-17.

Klee, A. (2008, 29. November). *Dehnen im Sport – sinnvoll oder verzichtbar?* [Vortrag anlässlich der Jahrestagung „Gesundheitsirrtümer - Sportpraxis zwischen Wahrheit und Legende" des LandesSportBundes Nordrhein-Westfalen e.V. im Rheinischen Industriemuseum, Oberhausen].

7 Tabellenverzeichnis

7.1 Tabellenverzeichnis